LE CAFÉ LITTÉRAIRE, OU LA FOLIE DU JOUR,

COMÉDIE-PROLOGUE SANS PRÉFACE,

Représentée tous les jours & selon les circonstances.

PAR Mlle. C*** D***.

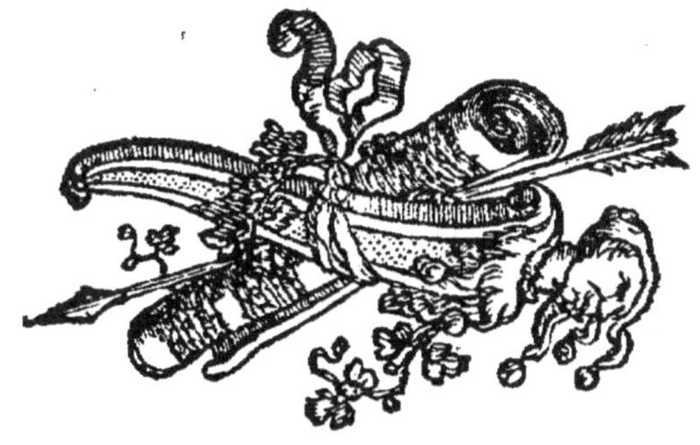

A ATHENES,

Et se trouve à PARIS,

Chez LEROY, Successeur de M. Lottin le jeune, Libraire, rue Saint-Jacques ;

Et chez les Marchands de Nouveautés.

1785.

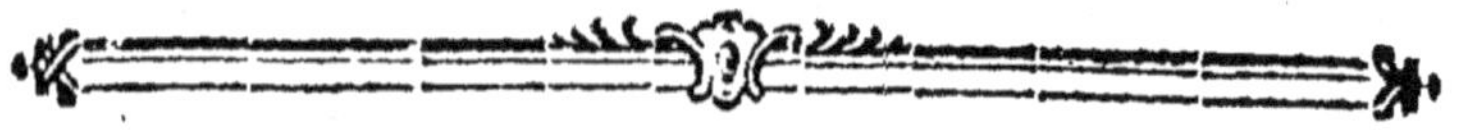

ACTEURS.

PARNASSOT, Maître du Café.

SAUVELARIME, } Garçons du Café.
LA CÉSURE, }

L'IMPÉRATIF, }
PINCE-SERRÉ, }
DURIMET, }
LIMEDOUCE, } Auteurs.
GUILLEMET, }
SONGECREUX, }

UN ÉTRANGER,

DIVERS PARTICULIERS.

La Scene est au Café Littéraire du sieur Parnassot.

AVIS DE L'ÉDITEUR.

Cette Piece faite pour critiquer des folies, en est peut-être une elle-même : aussi ne s'avise-t-on pas de vouloir la défendre à toute outrance, de soutenir qu'elle est bonne dans tous ses principes.

On a seulement voulu faire la part des rieurs, pour dissiper l'ennui que cause ordinairement toute espece de dissertation à nombre de Lecteurs, & prouver qu'il est aisé de faire des farces. Ce qu'il y a de certain, c'est que toutes burlesques que soient les dernieres scenes de cette Piece, elles sont calquées d'après nature, & je suis persuadé qu'elles se renouvelleroient souvent à nos yeux, s'il s'établissoit réellement un Café sur le pied de celui-ci.

On prévient les Relieurs, chargés de relier la *Folle Journée*, de ne pas manquer d'y joindre ce Prologue.

LE CAFÉ LITTÉRAIRE,

COMÉDIE-PROLOGUE.

SCENE PREMIERE.

Le Théatre représente une salle de Café.

Au milieu est un poële économique surmonté d'un Mont-Parnasse, composé selon le systême des Littérateurs modernes, & conséquemment tout l'opposé de celui que M. Titon du Tillet a élevé à la gloire du siecle de Louis XIV.

Chaque table est garnie d'encre, de papier & d'une inscription relative aux Feuilles & aux Brochures qui leur est propre.

On apperçoit, dans le fond, une Bibliotheque fort en désordre.

Parnassot & deux Garçons arrangent la salle.

Parnassot est coëffé d'un petasse ou bonnet de Mercure, les Garçons en ont un à-peu-près semblable, excepté que les ailes rabattues forment des oreilles de Midas.

PARNASSOT.

PESTE soit des Auteurs ! tout est ici sans dessus dessous.

SAUVELARIME.

Comme leurs idées.

PARNASSOT.

C'eſt la même choſe. Tenez, voyez un peu les Parades, les Vaudevilles, les Comédies ſont ſur la table des tragiques !

LA CÉSURE.

Et ces extraits devroient-ils ſortir du poële. (*Il les remet ſur le poële. A ſon camarade.*) Tiens, voilà pour la table des romanciers, ceci pour celle des critiques.

PARNASSOT.

Oh ! ces feuilles-là ſont faites pour circuler partout, on en eſt inondé. Dépêchons, mes amis, car c'eſt aujourd'hui la premiere repréſentation des *Auteurs Modernes*. Nous ne ſçaurons à qui répondre.

SAUVELARIME.

Sans doute, c'eſt la cauſe commune, un cri de guerre, je crois même, M. Parnaſſot, qu'il ſeroit prudent de faire apoſter des ſentinelles.

PARNASSOT.

Oh que non, les querelles entre ces Meſſieurs ne ſont pas dangereuſes, force propos, écrits bien mordans, cabale au parterre, intrigue au foyer; & s'il y a du ſang répandu, ce n'eſt que dans leur Piece, ou bien à la porte parmi cette foule qui a la fureur de venir s'y étouffer.

SAUVELARIME.

Et pourquoi? Pour ne rien entendre, car la plupart de ce monde-là touſſant, crachant, criant, bien crotté, bien foulé, ſort tumultueuſement & ſeroit bien embarraſſé de rendre compte de ce qu'il a vu. Mais quelqu'un vient.

SCENE II.

UN ETRANGER, *les précédents.*

SAUVELARIME.

QUE ſouhaitez-vous, Monſieur?

L'ETRANGER.

Dites-moi un peu, mon ami, cette maiſon eſt-elle un de ces *Muſées*, de ces *Clubs* dont parlent les papiers, car j'arrive dans l'inſtant?

PARNASSOT.

Non, Monſieur, mais à-peu-près.

L'ETRANGER.

Comment à-peu-près! Votre inſcription eſt cependant poſitive.

PARNASSOT.

Auſſi, Monſieur, ce qui ſe paſſe ici y répond-il parfaitement. C'eſt l'aſſemblée caſuelle & journaliere de tous nos jeunes Littérateurs, qui, après s'être bien chamaillés, vont jeter ſur le papier le réſultat de leurs réflexions.

L'ETRANGER.

J'entends, de leur imagination, en ſorte que cela vous rapporte plus de bruit que de profit.

PARNASSOT.

Détrompez-vous, Monſieur, le bénéfice eſt clair.

L'ETRANGER.

Eh! comment cela!

PARNASSOT.

Parce que je me fais payer comptant & que la gente littéraire pullulant plus que jamais, j'ai vu que moi qui me mélois auſſi de faire de l'eſprit, de le louer même à l'occaſion, ſans en devenir plus riche, je pourrois tirer parti de la ſottiſe des autres. En effet mon Café ne déſemplit pas, vous le voyez.

(*Pluſieurs Auteurs entrent & ſe placent.*)

L'ETRANGER.

Oui, je vois là beaucoup de monde, mais où eſt le bénéfice ?

PARNASSOT.

Dans les petits gains multipliés; car vous ſentez bien, Monſieur, que ſi un Auteur n'a pas ſoupé, il faut au moins qu'il déjeûne.

L'ETRANGER.

Ou que quelqu'un lui paie à dîner.

PARNASSOT.

Juſtement..... de la petite doſe de café, car c'eſt le reſtaurant, le véhicule des Muſes, ſur-tout depuis que nos jeunes gens ſçavent l'uſage exceſſif qu'en faiſoit le célebre *VOLTAIRE*.

(*Ici les deux garçons ſont ſortis.*)

(*Une voix s'éleve du fond du Café; paroît un Auteur qui, après avoir frappé ſur une des tables de marbre, vient comme un furieux, une Brochure à la main.*)

SCENE III.

L'IMPÉRATIF, *les précédents.*

L'IMPÉRATIF.

C'EST révoltant, je n'y tiens pas.

PARNASSOT.

A qui en avez-vous donc, Monſieur?

L'IMPÉRATIF.

Au Public, à toute la Nation.

PARNASSOT.

Mais qui ne me paiera pas ma table caſſée. Parbleu, Monſieur, pour une bavaroiſe & un petit pain vous me faites là une belle affaire; vous la paierez, s'il vous plaît. Elle eſt en deux.

L'IMPÉRATIF.

Ne craignez rien, Monſieur Parnaſſot, ne craignez rien.

PARNASSOT.

Si fait, Monſieur, je crains tout; qui me rembourſera, je vous prie?

L'IMPÉRATIF.

Le Caiſſier de la Comédie.

PARNASSOT.

Mauvaiſe caution, Monſieur; il y a dix ans qu'à vous entendre vous êtes ſur le répertoire, & ce n'eſt jamais votre tour.

L'IMPÉRATIF.

A qui la faute? mais ne murmurons plus, les rôles ſont diſtribués, & j'ai parole pour la premiere répétition à la ſemaine prochaine.

PARNASSOT.

Cette ſemaine-là ſera encore long-temps à venir, Monſieur. Enfin il faut bien prendre patience.

L'IMPÉRATIF.

Sans doute, & la recette, mon cher Parnaſſot, me récompenſera bien de l'attente.

PARNASSOT.

La recette? je le ſouhaite, Monſieur, mais je doute que le Caiſſier lui-même voulût vous faire quelques avances.

L'IMPÉRATIF.

Fi donc, je retirerois plutôt mon manuſcrit...

PARNASSOT.

Mais, entre nous, ce ſeroit peut-être très-prudent, car les meilleures Pieces...

L'IMPÉRATIF.

Eh! ſans doute, mon ami, du bavardage, des ſarcaſmes, c'eſt l'abus de l'eſprit qui triomphe aujourd'hui, & c'eſt décourageant.

L'ETRANGER, *s'approchant.*

Monſieur, je ſuis étranger, je viens pour m'inſtruire, & vous me paroiſſez aimer les bons principes.

(*Parnaſſot va & vient dans ſa maiſon.*)

L'IMPÉRATIF.

Mais aſſurément, Monſieur, —— autrement il ne faut pas ſe mêler d'écrire. Tenez, liſez, & jugez-en vous-même. (*Il lui remet la Brochure*).

L'ETRANGER.

La Folle Journée. Je connois cette Piece, & je viens même en quelque ſorte pour la voir jouer à Paris; car, en honneur, ſi on la comprend en Province. —— Eſt-ce la faute de la Piece ou des Acteurs?

L'IMPÉRATIF.

Des Acteurs, Monſieur, parce que dans le fait cette Piece n'eſt qu'un canevas, un rempliſſage, un *imbroglio*, en un mot, dont le vrai mérite ne conſiſte que dans le jeu, & voilà pourquoi on casseroit vingt tables comme celle-ci en voyant un pareil scandale.

L'ETRANGER.

Doucement donc, Monsieur, modérons-nous.

L'IMPÉRATIF.

Comment, Monsieur, soixante-quatorze représentations & toujours la même fureur, le même enthousiasme! —— Laisser impitoyablement sécher sur pied vingt Hommes de Lettres qui attendent le juste tribut de leurs veilles! —— Monsieur, —— cela ne se digere pas facilement; je veux en avoir raison.

L'ETRANGER.

Mais encore, Monsieur, ce déchaînement pourroit vous donner un ridicule, vous faire même soupçonner de jalousie, prenez-y garde au moins.

L'IMPÉRATIF.

Eh! non, Monsieur, mon silence seroit au contraire une lâcheté, l'amour de l'art me justifie!

L'ETRANGER.

J'avois d'abord pensé comme vous; mais, ma foi, depuis que j'ai lu la Préface, je ne sçais plus à quoi m'en tenir, l'Auteur m'entraîne, me séduit.

L'IMPÉRATIF.

Eh! oui, voilà le mot. Cet Ecrivain n'en a jamais fait d'autre, il badine, folâtre, pince, emporte la piece si adroitement tout en chatouillant la malignité, qu'il nit toujours par mettre les rieurs de son côté, en sorte que l'homme de bon-sens n'a plus l'air que d'un sot. Or, Monsieur, vous conviendrez qu'il est essentiel de s'élever contre un pareil abus; car enfin parlons notre langage.

Tout Auteur Dramatique
Ne doit donc plus prétendre au plus petit succès?
Il faudra que, pour plaire, il outre le Comique,
Qu'il fasse un bal masqué du Théatre François.
La scene, je le sçais, doit exciter le rire,
Mais le sarcasme seul corrige-t-il les mœurs?

L'ETRANGER.

Non, le premier devoir de Thalie est d'instruire,
D'égayer la raison pour nous rendre meilleurs.

L'IMPÉRATIF.

Or donc, mon cher Monsieur, d'une gaîté trop folle
Gardons-nous d'imiter les travers dangereux;
Un Ouvrage exalté, plein d'esprit, mais frivole,
Corrompt les Spectateurs & le goût avec eux.
C'est en vain qu'ourdissant une belle Préface,
Dans ses filets dorés l'Auteur croit m'avoir pris,
Je relis, je médite & ne vois qu'une farce
Qu'un fol enthousiasme a mis à trop haut prix.

L'ETRANGER.

En effet poursuivez... Ce qui vous justifie,
C'est la honte de voir dégrader parmi nous
L'art sublime & profond, l'art de la Comédie,
Cet art fait pour instruire, & non pour plaire aux fous,

L'IMPÉRATIF.

Auſſi, ſans amertume & par ſes propres armes,
Je veux, en combattant ſes brillantes erreurs,
Prouver que le motif de mes juſtes alarmes
N'a pour but que l'amour des Lettres & des mœurs.
Car enfin reliſons, l'intrigue & la licence
Pour confondre à leur gré cet époux ſuborneur,
Par l'attrait du plaiſir égarent l'innocence...

L'ETRANGER.

C'eſt le code enjoué d'un perfide enchanteur.

L'IMPÉRATIF.

Comme il eſt dangereux cet étourdi de Page!
Et comment excuſer dans ſon égarement,
Cette femme d'honneur, qui, ſi douce & ſi ſage,
Permet que ſon valet lui ſuppoſe un amant?

L'ETRANGER.

L'intrigue l'exigeoit.

L'IMPÉRATIF.

Mais la délicateſſe
Devoit lui commander de ſe reſpecter mieux:
Oui, malgré ſon eſprit, ſa gaité, ſa fineſſe,
Je ſoutiens que l'Ouvrage eſt très-pernicieux.

L'ETRANGER.

Bravo! —— Monſieur, bravo! —— Vous entrez parfaitement dans mon ſens: & je veux abſolument faire votre connoiſſance.

L'IMPÉRATIF.

Très-volontiers, Monſieur, mais parlons franchement, vous êtes Auteur, à ce qu'il me paroît?

L'ETRANGER.

Si quelques Ecrits échappés à ma plume méritent ce titre honorable.

L'IMPÉRATIF.

En ce cas, Monſieur, nous bornerons donc notre intimité à la ſimple connoiſſance, comme vous diſiez très-bien.

L'ETRANGER.

Eh! pourquoi donc, Monſieur, ne pas aller juſqu'à l'amitié?

L'IMPÉRATIF.

Parce que je ſuis Auteur auſſi moi, & que certainement nous ne ſommes pas plus privilégiés que les autres pour faire une exception à la regle.

L'ETRANGER.

Mais pardonnez-moi, Monſieur, j'ai des amis dans les Lettres.

L'IMPÉRATIF.

Vous le croyez, Monſieur... laiſſez échapper un ſeul petit mot qui donne priſe à la critique; aviſez-vous, même ſans malice, de contredire le plus petit de ces chers amis, & vous verrez ce qui en arrivera.

L'ETRANGER.

Mais, en vérité, Monſieur, à vous entendre, il ſuffiroit d'être Homme de Lettres, pour avoir un mauvais cœur.

L'IMPÉRATIF.

Non, pour tout ce qui ne tient pas à cette qualité. Ils font fouvent bons peres, bons parents, bons amis d'ailleurs. Mais comme les dons de l'efprit font volontiers enfants de l'amour-propre, les Littérateurs entr'eux, femblables aux faux dévots, ne fe pardonnent rien.

L'ETRANGER.

Hélas ! il en eft ainfi de tous les états de la vie, & particuliérement parmi les Artiftes.

L'IMPÉRATIF.

C'eft vrai.

L'ETRANGER.

Ma foi, Monfieur, lorfqu'on eft d'auffi bonne foi que vous, on doit avoir le cœur excellent. Je veux abfolument faire un cours d'amitié avec vous, un petit effai enfin, car voilà le mot.

L'IMPÉRATIF.

D'accord, mais je n'en réponds pas.

(*On entend des éclats de rire.*)

L'ETRANGER.

A qui donc ces Meffieurs en ont-ils ? Eft-ce à nous qu'ils s'adreffent ?

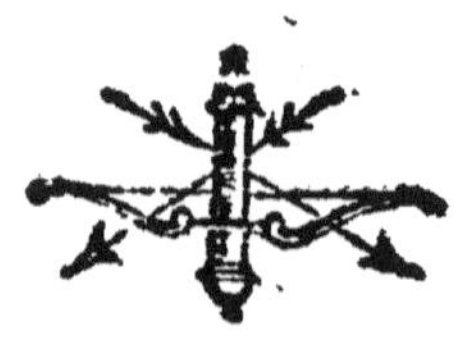

SCENE IV.

PLUSIEURS AUTEURS, *les précédents.*

GUILLEMET.

OUI, Monſieur, pardonnez-nous ce mouvement de gaieté ; mais le pacte que vous venez de faire avec notre ami, eſt trop plaiſant, pour ne point en rire.

L'ETRANGER.

Notre ami ! Vous voyez donc, Monſieur, que vous en avez auſſi.

L'IMPÉRATIF.

Oh ! entre nous ce mot-là eſt ſans conſéquence ; cela n'empêche pas qu'on ne ſe déchire à belles dents, lorſque l'occaſion s'en préſente : le Public lui-même, tout en trouvant ridicules nos querelles, ſeroit très-fâché qu'il régnât une paix éternelle dans la République des Lettres : il paie même d'avance pour cela & retireroit ſouvent ſa ſouſcription, s'il ne jouiſſoit de temps en temps du ſpectacle de nos débats.

L'ETRANGER.

C'eſt donc une maladie épidémique, car chez nous c'eſt la même choſe.

SONGECREUX.

Néanmoins, Meſſieurs, diſtinguons la critique d'une ſatyre odieuſe & perſonnelle ; car, comme dit très-bien l'Auteur de la *Folle Journée*, « une critique » générale eſt un des plus nobles buts de l'art : elle » corrige ſans bleſſer & porte du fruit. La ſatyre » au contraire auſſi ſtérile que funeſte, bleſſe tou- » jours & ne produit jamais ».

L'ETRANGER.

C'eſt donc pour quoi je ſuis étonné qu'aucun de vous n'ait fait une critique honnête & raiſonnée de ſa Piece, & ſur-tout de la préface.

L'IMPÉRATIF.

Juſtement, j'allois vous en entretenir, & ſi vous voulez.... j'en ai déjà jeté ici quelques mots.

L'ETRANGER.

Très-volontiers. Je ſuis curieux de voir comment vous vous y prenez.

PLUSIEURS AUTEURS.

Et nous auſſi.... Voyons, raſſemblons-nous autour de cette table, c'eſt celle des Critiques.

SONGECREUX.

Prenez-y garde, car dès le premier mot l'Auteur vous met hors des gonds.

L'IMPÉRATIF.

Hors des gonds !

SONGECREUX.

SONGECREUX.

Eh oui: ne dit-il pas que ce ſéroit une recherche oiſeuſe que d'examiner s'il a mis au Théatre une Piece bonne ou mauvaiſe, parce qu'il n'eſt plus temps ?

L'IMPÉRATIF.

Faux-fuyant que cela : notre Auteur ſent ſi bien qu'il eſt toujours temps de défendre un Ouvrage dans lequel on a mis ſa gloire, que non ſeulement il s'efforce à prouver qu'il n'eſt pas blâmable, mais encore qu'il eſt bon, mais très-bon dans tous ſes points.

SONGECREUX.

Ce n'eſt donc qu'un mot vague ou bien préſomptueux, que celui qui fait entendre qu'il juge ſa Piece abſolument bonne par ſon ſuccès : car enfin, Meſſieurs, vous ſçavez mieux que perſonne, que l'enthouſiaſme n'eſt ſouvent que le réſultat des circonſtances. Un Auteur connu pour exceller dans l'art de la plaiſanterie & qui ſe trouve dans une certaine poſition, excite la curioſité. Alors la malice s'éveille & ne manque pas d'annoncer, ſix mois d'avance, plus de méchancetés qu'il n'a eu deſſein d'en mettre dans ſon Ouvrage. De là chacun dit ſon mot, fait des alluſions, les têtes ſe montent, on veut voir; & voilà comme, avec de la *roideur* & de la *patience*, on parvient auſſi à gliſſer aſſez de hardieſſes, pour faire porter une Comédie aux nues, avant même que qui que ce ſoit l'ait compriſe, & c'eſt ce qui eſt arrivé.

L'ETRANGER.

Oui, mais, comme l'Auteur dit fort bien, perſonne n'eſt tenu de faire une Piece qui reſſemble aux autres, & vous conviendrez que la *Folle Journée* eſt abſolument originale.

L'IMPÉRATIF.

Oh! très-originale, mais cela prouve-t-il que les regles adoptées par cet Ecrivain ſoient bonnes?

L'ETRANGER.

Au contraire, je les crois très-mauvaiſes.

L'IMPÉRATIF.

Donc le nouveau ſentier qu'il s'eſt frayé n'eſt point une découverte; car enfin MM. *Plaute*, *Térence*, *Moliere* & *Regnard* l'emporteront, je crois, toujours ſur *Ariſtophane* & notre ami *Scarron*?

SONGECREUX.

Aſſurément.

L'ETRANGER.

Mais pourquoi donc s'eſt-il élevé contre cette Piece tant de rumeurs?

L'IMPÉRATIF.

Parce que le trait qui nous pourſuit, « le mot qui » importune reſte enſeveli dans le cœur, pendant » que la bouche ſe venge en blâmant preſque tout » le reſte ».

L'ETRANGER.

En ce cas, c'eſt donc la faute de l'Ecrivain; il

ne devoit pas, dans une critique générale, lancer de ces traits particuliers.

L'IMPÉRATIF.

Oui, mais cela fait du tapage & c'eſt ce qu'il faut; au reſte, Meſſieurs, s'il eſt vrai qu'il y a très-loin du mal que l'on dit d'un Ouvrage à celui qu'on en penſe, c'eſt eſſentiellement dans une cauſe perſonnelle, mais non à l'égard d'une Comédie, parce que devant être une leçon utile à la ſociété, c'eſt le ſentiment général qui décide; alors ce prétendu point établi au Théatre, *que ce qui affecte le plus eſt ce dont on parle le moins*, ne devient plus qu'une épigramme, & non un paſſe-port à la poſtérité.

L'ETRANGER.

Bon.

L'IMPÉRATIF.

Voyez, Meſſieurs, comme on entend ici à dorer la pillule, tout en nous traitant de bégueules, tout en nous accablant d'injures, le ton ironique que l'on prend a l'air d'un raffinement, pour mieux nous faire goûter des vérités, lorſque dans le fait ce n'eſt qu'un perſifflage très-piquant.

GUILLEMET.

En effet il eſt très-déplacé d'aſſimiler toute une Nation, qui, malgré qu'on en diſe, aime & connoît la franche & vraie gaieté, à cette multitude dont le faux goût ne ſe plaît que dans les extravagances; c'eſt même une ingratitude que d'inſulter cette claſſe lorſqu'elle ſeule ſoutient la réputation de notre Ouvrage.

L'IMPÉRATIF.

Oui, mais vous ignorez donc que c'eſt en ſoufflettant cette claſſe là qu'on s'en fait admirer ? le Vaudeville même de la Piece le dit.

L'ETRANGER.

Pour moi, Meſſieurs, je crois auſſi que ce n'eſt ni la ſottiſe, ni la dépravation du goût qui conſtituent le caractere de la Nation Françoiſe; on l'attire bien quelquefois dans le cercle étroit d'une Salle de Spectacle, mais la vraiment bonne compagnie en ſort & ſçait qu'en penſer.

L'IMPÉRATIF.

Auſſi n'eſt-ce point ces fauſſes interprétations, ce reſpect aveugle pour les grands mots de *décence* & de *bonnes mœurs* qui égarent le jugement de ce que j'appelle le Public national, ni qui empêchent les Auteurs de faire de bonnes Comédies.

L'ETRANGER.

Non, ſans doute, c'eſt la difficulté de l'art en lui-même, c'eſt la gloriole de vouloir obtenir une réputation éphémere, qui fait que l'on préfere un honneur paſſager à celui de s'immortaliſer par des travaux vraiment utiles.

L'IMPÉRATIF.

Croyez-vous auſſi, Meſſieurs, qu'il y auroit aujourd'hui plus de difficulté à mettre au Théatre les *Plaideurs* & *Turcaret* que dans leur origine?

SONGECREUX.

Non, certainement. Ce paragraphe tout piquant qu'il ſoit dans la Préface, n'eſt qu'une aſtuce littéraire, pour prouver combien il eſt difficile de faire admettre de certains ſarcaſmes; car il y a bien moins aujourd'hui de fermentation & de partis dominants qu'il y en avoit alors. La ſageſſe du Gouvernement a ſi bien réglé les devoirs reſpectifs de chacun des membres qui compoſent la ſociété, qu'ils ſeroient les premiers à applaudir au vrai Philoſophe qui inſtruiroit en amuſant, mais non à un Ecrivain lançant ſeulement des épigrammes, ſans qu'il en puiſſe réſulter le moindre avantage pour l'inſtruction publique.

L'IMPÉRATIF.

Ainſi, Meſſieurs, vous ne regardez donc point comme des corps reſpectables, ces petites coteries, ces ſectes partielles qu'une infinité de nos Confreres ont intérêt de mettre en jeu?

SONGECREUX.

Eh non, ce ſont des géants de leur façon pour faire croire à la multitude qu'ils ont une légion d'ennemis très-puiſſants à redouter.

GUILLEMET.

On connoît depuis long temps ce petit manege, & moi-même qui vous parle, je m'en ſuis quelquefois très-bien trouvé.

L'ETRANGER.

Cependant, Meſſieurs, convenons qu'il y a des

puiſſances réelles dont la réſiſtance n'eſt pas facile à vaincre, & qu'il eſt dangereux d'attaquer.

L'IMPÉRATIF.

D'accord, & je ſuis d'avis que ces puiſſances là ont raiſon de ſe faire reſpecter; mais ſi quelques mécontents particuliers pouvoient encore cabaler contre l'œuvre ſublime du *Tartuſe*, les *Plaideurs* & *Turcaret*, ces Pieces là étant des ouvrages de génie où le ſel de la plaiſanterie aſſaiſonne une ſage philoſophie, je ſuis perſuadé qu'elles ſeroient admiſes avec moins de difficulté que la *Folle Journée* qui n'eſt qu'un tiſſu brillant de ſarcaſmes, un ouvrage extravagant auſſi contraire aux principes de la moralité dramatique qu'aux regles immuables de l'art.

L'ETRANGER.

Oui, Meſſieurs, je le répete, c'eſt la difficulté ſeule de cet art qui fait que nos Auteurs tournillent dans des incidents impoſſibles, qu'ils perſifflent au lieu de rire.

SONGECREUX.

Ils prennent bien leur modele dans la ſociété, mais ils n'en font que de foibles caricatures, de froides miniatures joliment encadrées.

L'IMPÉRATIF.

Auſſi dit-on ici qu'on a réfléchi que ſi quelqu'homme courageux ne ſecouoit pas la pouſſiere dans laquelle croupiſſent nos Auteurs, l'ennui des Pieces françoiſes acheveroit de pervertir toute la Nation.

SONGECREUX.

Ah ! c'eſt-à-dire qu'en ramaſſant toute cette pouſſiere & nous la jetant dans les yeux, on nous rend la lumiere, que les bonnes mœurs, la décence, le goût pour les chef-d'œuvres de nos grands Maîtres vont enfin reprendre leur empire ; en vérité une cure auſſi brillante eſt très-glorieuſe, mais je doute qu'elle puiſſe s'émaner de la *Folle Journée*.

L'ETRANGER.

Que voulez-vous, voilà comme on s'aveugle ſoi-même, & ce n'eſt pas faute de talent de la part de l'Auteur : cependant je n'entends pas trop ce qu'il veut faire comprendre par une diſconvenance ſociale.

L'IMPÉRATIF.

Oh ! ici c'eſt un mot polémique, auſſi vous voyez comme il prête à une définition captieuſe.

GUILLEMET.

Oui, je vois qu'on pérore avec beaucoup d'aiſance, & que ſans rien prouver, ce ton déciſif doit laiſſer dans l'eſprit d'une infinité de lecteurs une perſuaſion qu'ils ont compris tout ce qu'on a dit & voulu dire.

SONGECREUX.

Courage, Meſſieurs, & *jouons ſerré*. N'eſt-il pas vrai que ſi la *Folle Journée* étoit un ouvrage vraiment moral, tout ce que l'Auteur avance, & ſurtout aidé de ſa petite ménagerie, ſeroit victorieux ? Mais malheureuſement il ne développe que les bons principes, & sa Comédie y est diamétralement opposée.

GUILLEMET.

Et c'est vrai; car, encore une fois, un cadre original où tous les personnages font assaut d'épigrammes & n'offrent que des vices ou des ridicules sans correctifs, peut-il être regardé comme une Comédie propre à réformer les mœurs? Quelle impression cette Piece a-t-elle faite? qu'en reste-t-il, en un mot, à ceux qui l'ont suivie dans toutes ses représentations?

L'IMPÉRATIF.

Le souvenir de bien bonnes méchancetés, de quelques quolibets d'une gaieté folle, que la tourbe menue des Spectateurs n'a pas manqué de saisir avec la même avidité que les sottises des treteaux de la Foire.

SONGECREUX.

Aussi Jeannot & Figaro feront-ils époque dans les annales des folies du siecle.

L'ETRANGER.

Ce qu'il y a de certain, Messieurs, c'est ce que l'Auteur dit au sujet de Moliere.

L'IMPÉRATIF.

D'accord, *Moliere* fut tourmenté, & son ami *Boileau* est très-louable d'avoir eu le courage de le défendre; mais ce n'étoit pas seulement des bons mots, des épigrammes que notre Juvénal défendoit, c'étoit la réputation d'un Philoſophe enjoué & profond, qui par ſes travaux immortels méritoit d'être honoré de ſon ſiecle. Auſſi Louis XIV n'a-t-il pas attendu la réclamation de Boileau, pour protéger ce grand homme, il l'auroit également fait ſans le placet en queſtion, mais il falloit d'abord laiſſer crier la cohorte; or toutes les groſſes ſottiſes qu'on a imprimées *avec approbation*, loin d'affoiblir l'effet de ſes leçons ſublimes, ajoute au contraire à ſa gloire.

SONGECREUX.

Ici c'eſt bien différent, il ne s'agit pas d'athéiſme, ni d'impiété, on attaque l'Ouvrage ſans déshonorer l'Auteur.

L'IMPÉRATIF.

Au contraire nous convenons de ſes talents, de ſon eſprit, mais je crois qu'il eſt permis de dire qu'il n'a pas ſenti que ſa Piece pouvoit être dangereuſe; que s'il poſſede le ſecret d'amuſer & de faire ſourire la malignité, il n'arrache pas ce rire de l'ame, cette expenſion de joie ſubite que la force de la vérité & du naturel ne manque jamais d'exciter, & cela parce qu'on apperçoit plutôt l'Auteur en ſcene, que ſes perſonnages. Auſſi, Meſſieurs, je ſoutiens que la plupart des Pieces de notre Auteur ne peuvent fournir le fond d'une queſtion approfondie ſur leur validité, elles paſſeront avec l'enthouſiaſme qu'elles ont fait naître, & ce ne ſera pas long.

L'ETRANGER.

Mais voyez donc un peu, Meſſieurs, le ton leſte avec lequel cet Ecrivain parle au Public.

SONGECREUX.

Leſte, dites-vous? vous êtes bien indulgent, Monſieur : pour moi, je le trouve injurieux, & c'eſt ſans doute encore une fineſſe de l'art ; car dans le fait je ſuis perſuadé que l'Auteur n'eſt pas auſſi fâché qu'il veut le faire croire, *& ce bon Public* n'eſt ni pour lui, ni pour ceux qui ſont dans ſon ſecret, ce juge incorruptible, dont les arrêts ont déjà condamné ſon Ouvrage.

L'ETRANGER.

Néanmoins, Meſſieurs, applaudiſſons de bonne foi à ce qu'il dit de ſon *Eugénie.*

L'IMPÉRATIF.

Volontiers, & ſi cette Piece n'a pas eu l'honneur de faire tourner tant de têtes qu'il le fait entendre, elle n'en reſtera pas moins pour ſa gloire. *Ses deux Amis* peuvent être auſſi cités avec quelqu'avantage; à l'égard du *Barbier de Séville*, ces cris, ces frayeurs n'étoient encore que le réſultat des circonſtances.

SONGECREUX.

Toutes les fois qu'un gladiateur auſſi redoutable ſe préſentera dans des conjonctures ſemblables, il excitera des clameurs.

L'IMPÉRATIF.

Et il ſera d'autant plus à craindre, que, comme il le dit fort-bien, *le Théatre eſt un géant qui bleſſe à mort tout ce qu'il frappe.*

DURIMET.

Messieurs, il y a long temps que je vous écoute, & je crois que l'approbation d'un Prince, tel que feu Mgr. le Prince de Conti, est un témoignage qui milite bien en faveur de la *Folle Journée*.

SONGECREUX.

Oui, du côté de la gaieté; mais ne croyez pas que ce Prince ait regardé cette Piece comme faite pour réveiller dans le cœur du François le vieux mot *Patrie*.

L'IMPÉRATIF.

Eh! ne voyez-vous pas que c'est un badinage?

L'ETRANGER.

Un badinage?

L'IMPÉRATIF.

Oui, un badinage; car il n'est pas possible que l'Auteur dise sérieusement que ce Prince a été content de la *Folle Journée*, parce qu'il étoit d'un grand caractere, un esprit noble & fier; ce seroit faire entendre qu'il faut réunir toutes ces qualités pour juger du mérite profond & de la sublimité de cette Piece. Or cette petite dose d'amour paternel seroit assez honnête.

DURIMET.

Eh, eh, Messieurs... c'est notre foible au moins.

L'IMPÉRATIF.

Et, selon toute apparence, essentiellement celui de l'Auteur.. Voyez comme il s'extasie à chaque inftant sur ses finesses, cependant je ne vois pas qu'il ait tendu un piege si adroit à la critique, en déguisant le véritable titre de sa Piece.

SONGECREUX.

Non, assurément : trop satisfait du nom célebre de *Figaro*, il se seroit bien gardé de ne pas le conserver pour un Ouvrage destiné à faire suite de cet enfant gâté.

GUILLEMET.

Sans doute, c'est un subterfuge que la discussion a fait naître; & dans tous les cas, le titre de *l'Epoux suborneur* en est un très-excellent, s'il eut été traité selon les loix de la décence théatrale.

L'IMPÉRATIF.

Il se seroit défendu de lui-même, & les honnêtes gens y auroient également couru en foule. Car si l'influence de l'affiche est nécessaire à un Auteur qui s'est déjà fait redouter, elle n'a qu'un bien foible ascendant pour favoriser un Ouvrage que l'on sçait partir d'une plume qui ne s'exerce que pour tracer les devoirs des hommes, sans qu'on ait à craindre de ressentiments particuliers.

SONGECREUX.

Oui, mais comme notre Auteur veut s'assimiler à *Moliere* & *Regnard*, il n'est pas mal-adroit de tâcher de prouver qu'il a été plus fin qu'eux, en donnant le change à la meute qui l'auroit harcelé bien autrement s'il n'eut pas redouté la piste.

L'IMPÉRATIF.

Eh, non, Meſſieurs, le titre de *l'Epoux ſuborneur* ne pouvoit convenir à cette Piece; la forme, pour me ſervir du langage de *Brid-oiſon*, l'emporte trop ſur le fond.

SONGECREUX.

D'ailleurs, s'il eſt quelquefois prudent d'éluder de certaines tracaſſeries, c'eſt l'affaire du moment, & avec un peu de ſoupleſſe on vient à bout de tout.

DURIMET.

Cependant, Meſſieurs, vous conviendrez que la *Folle Journée* a éprouvé bien des contrariétés, bien du retard.

L'IMPÉRATIF.

Oui, encore un an de plus, cela faiſoit juſtement les dix années qu'il a fallu pour conſommer le Siege de Troyes.

L'ETRANGER.

Comment! vraiment il a fallu neuf ans pour faire paſſer cette Piece?

L'IMPÉRATIF.

Et tout un comité de Cenſeurs, comme vous voyez.

L'ETRANGER.

Mais il y a donc-là un deſſous de carte qu'on ne comprend pas.

L'IMPÉRATIF.

Le deſſous de carte eſt que ſi l'Auteur eut voulu

émousser quelques traits, détourner de certaines allusions, cela auroit été plus rondement. Il est vrai que la tendresse paternelle en auroit souffert un peu, car une girande en artifice fait un superbe effet, & l'on aime non seulement à brûler les manchettes, mais aussi un peu les doigts de certains curieux.

SONGECREUX.

Mais en vérité, Messieurs, cet Ecrivain nous traite effectivement comme des *enfants qui braillent quand on les éberne.*

L'IMPÉRATIF.

Et nous le méritons, car enfin *il veut corriger les mœurs*, en nous exposant la foiblesse d'une grande Dame qui ne cesse de mentir pour cacher sa honte, qui, sans respect pour son époux & pour elle-même, s'avilit en partageant l'audace de ses valets qui jouent leur Maître. *Il veut corriger les mœurs*, en déroutant les projets suborneurs d'un grand Seigneur libertin, par l'intrigue & l'impudence de ces mêmes valets. *Il veut corriger les mœurs*, en offrant aux yeux de l'innocence, le tableau licencieux d'un jeune Page dont les premieres impulsions de la nature annoncent qu'il deviendra lui-même un dangereux suborneur. *Il veut corriger les mœurs*, en mettant impunément aux prises un ramas de fourbes & de libertins, pour mieux livrer à la dérision publique un Juge imbécille & donner ce qu'on appelle le coup de fouet. Il veut enfin, *satisfait du présent, veiller pour l'avenir* dans la critique *du passé*; & nous, petits marmots, enfants volages & ingrats, têtes sans cervelle & incapables de juger de rien, nous prenons sottement l'alarme, & crions à la corruption. Aveugles que nous sommes, est-ce ainsi que nous encourageons les grands hommes, ces puissants génies, la lumiere du monde?

SONGECREUX.

A sa place, je jetterois mon Théatre au feu, nous n'en sommes pas dignes.

L'ETRANGER.

Mais, Messieurs, insensiblement vous aurez critiqué mot à mot cette fameuse Préface; car s'il est vrai que la Piece soit repréhensible dans toutes ses parties, ce que vous venez de dire suffit pour répondre à ce brillant verbiage avec lequel l'Auteur nous amene au passage où il prétend que les honnêtes gens du siecle ne faisant autre chose que de se déchirer les uns les autres, c'est une regle très-admissible au Théatre que d'ouvrir une pareille arene à la malignité des personnages.

L'IMPÉRATIF.

Oui, lorsque par des contrastes heureusement combinés, il résulte de leurs débats une instruction salutaire; mais, encore une fois, une satyre mordante & faite sur-tout par des personnages absolument tous vicieux, ne sert qu'à amuser la malice.

SONGECREUX.

N'est-il pas vrai aussi, Messieurs, que tout accessoire

que ſoit le petit Page, il eſt fait pour ſcandaliſer, & que, dans une Comédie ſur-tout, le danger n'en eſt pas moins effectif pour n'être pas dans le ſujet principal?

L'ETRANGER.

Mais très-certainement, parce que les yeux de la multitude fixés ſur un grand tableau, quittent bientôt tout ce qui peut tempérer des impreſſions dangereuſes, pour ne s'attacher qu'à ce qui flatte ſes paſſions; & comme elle ne réfléchit pas aſſez pour tirer une moralité d'une expoſition trop libre, le mal ſeul reſte tout entier dans ſon imagination.

SONGECREUX.

Et voilà pour quoi le cœur eſt ſi ſouvent la dupe de l'eſprit: c'eſt même le reproche qu'on eſt en droit de faire à de très-beaux Romans, à plus forte raiſon à une Comédie dont les perſonnages réellement exiſtants, mettent en action ce qui eſt déjà très-pernicieux dans un ſimple récit.

L'IMPÉRATIF.

L'Auteur ſent ſi bien la foibleſſe de ſa défenſe en faveur de cet enfant chéri, que pour détourner la réflexion il termine par une ironie.

SONGECREUX.

Oui, Meſſieurs, je trouve cette Piece tellement dangereuſe, que, pour me ſervir du langage de l'Auteur, je dirois volontiers publiquement & à haute voix: « O vous, jeunes perſonnes modeſtes & timides, qui

qui vous plaiſez à la *Folle Journée*, écoutez les conſeils d'un véritable ami, & déſiez-vous d'un enchanteur qui vous flatte & vous implore avec tant de douceur. Lorſque vous verrez dans le monde un de ces hommes qui ne reſpirent que l'amour des plaiſirs, qui ne s'agitent que pour jouir des vanités du ſiecle, examinez bien cet homme-là, ſçachez ſon rang, ſon état, ſon caractere, & vous connoîtrez ſur-le-champ ſi ſon langage ſéducteur doit être préféré aux ſages préceptes d'une ſaine morale ».

L'IMPÉRATIF.

Ce qui prouve encore avec nous, Meſſieurs, que la Piece n'eſt nullement ſuſceptible de moralité, c'eſt le retranchement que les Comédiens ont fait de la ſcene de Marcelline. Ces Meſſieurs ont ſenti qu'elle ſeroit diſparate dans un ouvrage qui n'appartient qu'à la folie.

GUILLEMET.

Vous aurez beau dire, Meſſieurs, l'Auteur en revient toujours à *Moliere*, & prétend, à quelque prix que ce ſoit, juſtifier ſes principes par ceux de ce grand homme.

SONGECREUX.

Sans doute, mais rien n'eſt plus faux. Le Miſanthrope eſt un ouvrage grave & philoſophique, dont tout l'enſemble forme le tableau le plus inſtructif ſur les travers & les vices de la ſociété. C'eſt un tribunal ſévere, où la folie ne fait pas perdre le fruit des arrêts qui s'y prononcent. La *Folle Journée* au contraire est un ouvrage de marquéterie, un arsenal où l'on n'entend que des coups de mousqueterie, qui font bien briller l'adresse de l'Auteur, mais qui ne peuvent corriger ceux qui en sont frappés.

L'IMPÉRATIF.

Mais que fait donc notre ami Pinceserré? Je crois, Dieu me pardonne, qu'il jette sur le papier notre entretien.

PINCESERRÉ.

C'est vrai, Messieurs: continuez, & voilà ma besogne toute faite.

L'ETRANGER.

Comment sa besogne?

L'IMPÉRATIF.

Mais oui, il en va faire l'article critique, qu'il fournit assez volontiers dans les Journaux.

L'ETRANGER.

Et vous le nommez?...

L'IMPÉRATIF.

Pinceserré.

L'ETRANGER.

Et c'est votre ami?

L'IMPÉRATIF.

Comme les autres.

L'ETRANGER.

Courage, Messieurs, cela vous fait honneur. Cependant, si vous m'en croyez, vous ne souffrirez pas que le cher ami mette au jour notre conversation. Voulez-vous qu'on nous fasse le même reproche qu'à la préface, qui ne respire que guerre & vengeance?

L'IMPÉRATIF.

Pourquoi donc? Nous n'avons rien dit d'injurieux contre cet Ecrivain, dont nous estimons d'ailleurs les vrais talents. S'il a pu faire paroître son ouvrage, celui-ci doit à plus forte raison avoir le même avantage, puisqu'il convient lui-même que la critique est utile. En effet ne seroit il pas fâcheux que les raisons spécieuses qu'il déduit en faveur de sa Piece, devinssent des autorités pour nos jeunes Auteurs dramatiques?

L'ETRANG R.

Il est vrai que cette préface est très-insidieuse, & il ne faut qu'un succès aussi brillant, pour voir introduire sur la scene des Dom Japhet, plutôt que de bonnes Comédies.

L'IMPÉRATIF.

Vous voyez donc bien, Monsieur, que la critique ici devient nécessaire.

DURIMET.

Oui, mais nous aurons notre tour; & moi, Messieurs, je redoute de certains ennemis. Aussi lorsque je fais jouer une Piece au Théatre, je m'arrange en conséquence, &, grace à mes amis, j'ai au moins toujours une apparence de succès.

PINCESERRÉ.

Pour l'impreſſion, c'eſt différent, n'eſt-il pas vrai ?

DURIMET.

Oh ! c'eſt l'affaire de mon Libraire, la mienne eſt faite à moi.

PINCESERRÉ.

Eh bien ! Meſſieurs, où en ſommes-nous ? Voyons... je vous attends.

L'IMPÉRATIF.

Mais voilà à-peu-près ce que nous avions à dire en ce qui regarde la *Folle Journée*, le reſte nous jetteroit dans une diſcuſſion moins épineuſe que délicate.

PINCESERRÉ.

En ce cas, je vais faire uſage de ceci, en attendant que vous me mettiez vous-même à portée d'exercer mes petits talents ſur vos propres ouvrages. Adieu, Meſſieurs. Vous avez vos amis, j'ai les miens, & voici notre ſignal.

(*Il tire de ſa poche un ſifflet, & ſiffle.*)

SCENE V.

UN MUSICIEN *qui chantoit à une des tables du Café; les précédents.*

LE MUSICIEN.

QU'EST-CE à dire, Monſieur ! Pourquoi donc ſiffler lorſque je chante, & que trouvez-vous de mauvais à ma muſique ?

PINCESERRÉ.

Moi, Monſieur ? je ne vous entends pas ſeulement.

LE MUSICIEN.

Sans doute, voilà comme la plupart des gens portent des jugements. Travaillez. Vous avez entendu. Vous, Meſſieurs, qu'en dites-vous ?

L'IMPÉRATIF.

Nous ? pas plus que Monſieur.

LE MUSICIEN.

Mais vous n'avez donc point d'oreilles ?

PINCESERRÉ.

Nous les gardons pour l'Opéra.

LE MUSICIEN.

L'Opéra ? . . . . Oh ! en ce cas, je les retiens pour cet hiver, j'ai là de quoi les exercer ; mais, de grace, point de ſifflet.

PINCESERRÉ.

Vous aurez donc des Ballets ?

LE MUSICIEN.

Oh ! j'en ai mis par-tout. J'ai trop bien vu ce qui en étoit.

PINCESERRÉ.

A la bonne heure, les yeux alors tiennent lieu d'oreilles, & l'on en a au moins pour ſon argent.

LE MUSICIEN.

Mais, Meſſieurs, je ne ſçais, ce mot d'oreille tombe donc ſur la muſique ? Eſt-ce parce que Monſieur Durimet que voici, a raté quelques Poëmes, que vous voulez l'en conſoler à nos dépens ?

DURIMET.

Qu'appellez-vous raté ?

LE MUSICIEN.

Oui, Monſieur, reliſez les Feuilles Périodiques, elles ſe connoiſſent en paroles au moins.

DURIMET.

Oui, mais Meſſieurs les Rédacteurs ne ſçavent pas ce qui ſe paſſe dans le cabinet, & combien il faut faire de ſacrifices avec vous autres Meſſieurs les Muſiciens.

LE MUSICIEN.

Mauvaiſe défaite, Monſieur, mauvaiſe défaite. Qu'on nous donne de bons Poëmes, & l'on aura de la muſique actuellement. Mais que faites-vous donc, Monſieur ?

(*Un Particulier ſe leve bruſquement & enleve la perruque de Pinceſerré.*)

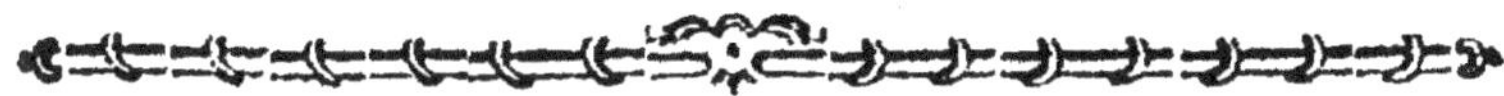

SCENE VI.

LE PERRUQUIER, *les précédents.*

LE PERRUQUIER, *tenant la perruque.*

Que j'aie au moins ce qui en reſte.

PINCESERRÉ, *tête nue.*

O rage, ô déſeſpoir, ô perruque ma mie !
N'as-tu donc tant vécu que pour cette infamie ?

PARNASSOT, *au Perruquier.*

Comment, Monſieur ! Que ſignifie cette mauvaiſe plaiſanterie ?

LE PERRUQUIER.

Eh ! non parbleu, c'eſt très-ſérieux, il y a aſſez long-tems que Monſieur ſe coëffe à mes dépens, je prends mon bien où je le trouve.

PARNASSOT.

Croyez-moi, Monſieur, rendez cette perruque, ou je vais envoyer chercher la Garde.

PINCESERRÉ.

Sans doute, c'eſt ici la cauſe commune ; (*il ſe retourne vis-à-vis de ſes Confreres.*) & ces Meſſieurs ne ſouffriront pas. . .

PLUSIEURS PARTICULIERS *ſe levent.*

Pardonnez-moi, ces Meſſieurs permettront que d'honnêtes Créanciers reglent enfin leurs affaires.

DURIMET.

Sauvons-nous, j'apperçois mon Tailleur.

SONGECREUX, & *quelques autres.*

Et nous notre Imprimeur. *Ils se retirent.*

LE TAILLEUR.

Ils sortent, mais leur tour viendra. *A l'Impératif.* Allons, Monsieur, expédiez-vous de bonne grace, rendez-moi mon habit.

(*Il l'aide à le retirer, & l'on apperçoit que le derriere de la veste de l'Auteur est fait d'un vieux plan de Paris collé sur toile.*)

UN CRÉANCIER.

Oh! par exemple, voilà qui est très-plaisant, le plan de Paris.

UN CRÉANCIER, *portant le doigt sur le plan.*

Hélas! oui, j'apperçois justement l'Hôpital, où pour avoir fait trop de crédit à ces Messieurs, il faudra que j'aille comme les autres.

LE TAILLEUR.

Et moi, les Petites-Maisons.

LE PERRUQUIER, *à Pinceserré.*

Monsieur est donc comme le limaçon?

PINCESERRÉ, *en veste, rit de tout son cœur.*

Parbleu, Messieurs, que je vous embrasse, vous me rendez le plus grand service.

LE TAILLEUR.

Eh! Monsieur, que ne parliez-vous plutôt, mon habit ne seroit pas si usé?

PINCESERRÉ.

Ma fortune eſt faite.

LE PERRUQUIER.

Il eſt devenu fou, ma foi.

PINCESERRÉ.

Quoi! vous ne voyez pas combien cette ſcene peut être comique, & tout le parti que je vais en tirer? Ah! vous m'avez déshabillé; mes petits Meſſieurs, comme je vais vous draper à mon tour! comme on rira à vos dépens! — Eh! vîte de l'encre & du papier, que j'expoſe tous ces gens-là ſur les treteaux de la Foire, à la riſée publique....! Bon, plaçons-nous là.

LE PERRUQUIER.

Que va-t-il donc faire? des Billets, je n'en veux pas.

PINCESERRÉ.

Eh! non, ce ſont vos portraits à vous connoître d'une lieue. *Il écrit... Monſieur Toupet.*

LE PERRUQUIER.

Quoi! par mon nom?

PINCESERRÉ.

Mais, certainement.

LE TAILLEUR.

Ma foi, Meſſieurs, il le feroit comme il le dit, & je vous avoue que je n'aime point à prêter à rire à mes dépens.

LE PERRUQUIER.

Mais taiſez-vous donc, nous ſçaurons bien l'en empêcher.

LE TAILLEUR.

Eh! non, non, ces diables de gens-là ont une maniere de préſenter les choſes.... Vous ſouvenez-vous que nous avons tous reconnu aux Boulevards pluſieurs de nos amis, & que nous les badinions avec les mêmes plaiſanteries qu'on avoit faites ſur leur compte?

PINCESERRÉ.

Vous êtes mariés, Meſſieurs? — Vous avez des filles? — Bon, laiſſez-moi faire.

LE TAILLEUR.

Croyez-moi, mes amis, nous avons fait une ſottiſe.

UN CRÉANCIER.

Le moyen de la réparer?

LE TAILLEUR.

C'eſt de lui rendre ſes affaires & même de lui donner quittance en diſant que nous voulions nous amuſer.

LE PERRUQUIER.

Mais il ne nous croira pas. — *Il écrit toujours.*

LE TAILLEUR.

Monſieur? Monſieur?

PINCESERRÉ.

Oh! laiſſez-moi.., ne me faites pas perdre mes idées.

LE PERRUQUIER.

Mais, Monsieur, encore une fois, écoutez-nous.

PINCESERRÉ.

Non, emportez vos effets, vous voilà payé, je me rhabille ici, moi.

LE TAILLEUR.

De grace, Monsieur, puisque celui-ci est tout fait, vous avez dû voir que je badinois.

PINCESERRÉ.

Et moi aussi, je badine; rira bien qui rira le dernier.

LE PERRUQUIER.

Oh par ma foi, mon ami Frippart, on te prend mesure.

LE TAILLEUR.

J'espere bien qu'il te donnera aussi une bonne perruque.

PINCESERRÉ.

J'y suis justement.

LE PERRUQUIER.

Tenez, Monsieur, nous voyons bien que vous avez plus d'esprit que nous & qu'il ne faut pas s'y jouer, reprenez le tout, & voilà une quittance générale.

PINCESERRÉ.

Une quittance, dites-vous?

LE TAILLEUR.

Oui, Monſieur, qu'il ne ſoit plus queſtion de rien.

PINCESERRÉ.

A la bonne heure, mais vous comprenez bien que je ne perds pas ainſi mes idées. — C'eſt mon commerce, à moi. *Il montre ſon papier.*

LE TAILLEUR.

Il n'y a encore que quelques lignes.

PINCESERRÉ.

Peu de paroles & fort de choſes. — Voilà l'art. D'ailleurs l'eſprit chez nous eſt comme une piece de drap avec vous autres, il prête à volonté. Oui, beaux maſques, vous êtes déjà en ſcene.

LE TAILLEUR.

Mais c'eſt un miracle que cela ; pourquoi donc avec un métier ſi expéditif n'êtes-vous pas plus riches, Meſſieurs ?

PINCESERRÉ.

Pourquoi ? parce qu'il n'y a pas de balance auſſi juſte pour l'eſprit que pour le galon, M. Frippart.

LE PERRUQUIER.

Voilà encore un coup de patte.

PINCESERRÉ.

Et qu'on ne fait pas d'un canevas tout ce qu'on veut comme vous, M. Toupet, qui ſçavez ſi bien étendre les vôtres.

LE TAILLEUR.

A toi la balle, notre ami.

LE PERRUQUIER.

Oh ! par ma foi, traitons avec lui. — Voyons, Monſieur, quel prix mettez-vous à cette Piece?

PINCESERRÉ.

Mais, cela dépend du titre que je lui donnerois; car vous ſçavez, avec l'Auteur de la *Folle Journée*, que l'influence de l'affiche fait beaucoup.

LE TAILLEUR.

C'eſt vrai, Monſieur, mais il faudroit avoir autant de malice & d'eſprit que lui.

PINCESERRÉ.

Oh! pour de la malice, j'en ferois défi. — Pour de l'eſprit, on a toujours aſſez de celui-là, le reſte dépend du jeu des Acteurs. — D'ailleurs, Meſſieurs, c'eſt à vous à vous mettre à prix. — Voyons, combien eſtimez-vous votre réputation?

LE PERRUQUIER.

Comment! vous auriez été juſques-là?

PINCESERRÉ.

Mais que pourſuivroit-on au Théatre? les vices, les ridicules ſeulement? cela vaut bien la peine d'écrire.

LE TAILLEUR.

Ah! Meſſieurs, où en ſommes-nous? nous avons fait là une belle affaire.

PINCESERRÉ.

Tenez, Messieurs, terminons, je fais imprimer un Drame à grands points... un Roman bien tendre, bien larmoyant... arrangez-vous pour les frais avec Monsieur, (*Il montre l'Imprimeur.*) & nous partagerons le bénéfice; à l'égard du comptant que je pourrois exiger, j'irai réguliérement manger chez vous à tour de rôle.

LE PERRUQUIER.

Moi, Monsieur, j'aime mieux payer mon tour en argent.

PINCESERRÉ.

Soit, serez-vous chez vous dans une heure?

LE PERRUQUIER.

Oui, je vous y attends. — (*A part.*) Laisse-moi faire, quand je te tiendrai, nous verrons.

PINCESERRÉ, *se rhabillant.*

Voyons, M. Frippart, aidez-moi un peu, & vous, M. Toupet. Bon... Ainsi, Messieurs, voilà qui est arrêté.

LE TAILLEUR.

Oui, Monsieur.

PINCESERRÉ.

Que diable aussi, il n'y a que maniere de s'entendre, vous êtes les meilleures gens du monde.

LE PERRUQUIER.

Oui, mais nous avions besoin de cette petite leçon,

pour nous apprendre à ne pas nous fourrer avec vous autres, Messieurs les beaux-esprits.

PINCESERRÉ.

Pourquoi donc? il faut bien que quelqu'un nous défraie; aussi un de nous a-t-il dit fort plaisamment:

Le superflu des sots est notre patrimoine.

Pardon, Messieurs, mais voici un de mes amis qui entre. (*Les Créanciers sortent.*)

SCENE VII.

LIMEDOUCE, PLUSIEURS AUTEURS.

LIMEDOUCE.

AH! c'est toi, mon ami, je te cherchois.

PINCESERRÉ.

Eh! qu'as tu donc, mon cher Limedouce? comme te voilà fait?

LIMEDOUCE.

Eh vîte, Messieurs! *le tocsin*, *le tocsin*, nous allons être joués à notre tour. — On annonce une Piece sous le titre *des Auteurs modernes*.

DURIMET, *qui est rentré avec les autres*.

Qu'as-tu à craindre, toi qui ne traduit que du grec?

LIMEDOUCE.

Oui, mais on connoît mes Mélanges.

L'IMPÉRATIF.

Eh non ! ne crains rien, c'eſt à nous autres qu'on s'adreſſe. De quelle fabrique eſt la Piece ?

LIMEDOUCE.

Mais, ſelon toute apparence, de celle que vous vous êtes aviſés de mettre en ſcene.

PINCESERRÉ.

De chez les Docteurs modernes ?

LIMEDOUCE.

Juſtement, & voici même un de leurs adeptes, qui veut bien être de mes amis, que je vous amene tout exprès.

L'IMPÉRATIF.

Monſieur magnétiſe donc ?

L'ADEPTE.

Oui, Monſieur, & ma préſence ſeule a dû en avertir.

DURIMET.

Mais, en effet, de certains vertiges...

L'ADEPTE.

Oh ! ce n'eſt point avec vous autres, Meſſieurs, que ces ſortes de ſignes marquent une nouvelle ſituation. Vous êtes, ſans le Magnétiſme, toujours en criſe à cet égard.

GUILLEMET.

Mais enfin, Monſieur, nous ſentons bien une certaine chaleur... certains chatouillements... de grace, finiſſez ces geſtes-là, & éloignez-vous un peu.

L'ADEPTE.

L'ADEPTE.

Eh non, Meſſieurs! c'eſt l'imagination ſeule qui fait ſon effet. Ah! vous nous avez badinés.

UN AUTEUR TRAGIQUE.

Je n'y tiens pas. — Il faut que je déclame. (*Il déclame une Scene de l'Electre de Crébillon.*)

L'ADEPTE, *à part.*

Bon, le Magnétiſme opere & chacun va agir ſuivant ſon caractere.

(*Un Auteur Comique ſe leve & joue une partie de la premiere Scene d'Amphitrion, un Muſicien chante, un Danſeur fait des caprioles : c'eſt une cacophonie générale, &c. &c.*)

PARNASSOT A L'ETRANGER.

Eh bien! Monſieur, vous attendiez-vous à cela? — Voilà pourtant un échantillon de ce qui ſe paſſe ici preſque tous les jours.

L'ETRANGER.

Ma foi, Monſieur, je changerois l'inſcription de mon Café, & je mettrois, *les Petites-Maiſons.* Mais, un moment, cela devient ſérieux; la fréneſie s'en mêle.

(*Une partie des Gens du Café font diverſes contorſions, courent çà & là, ſe prennent & font des moulinets.*)

L'ADEPTE A L'ETRANGER.

Ne craignez rien, Monſieur, c'eſt l'effet du fluide,

un redoublement de criſe, mais ça ne ſera pas long.

PARNASSOT.

Mais, Monſieur, ces gens-là entrent en fureur! Eh! bon dieu, où vont-ils?

(*Ils courent à la Bibliotheque, pluſieurs à la fois, s'emparent des Brochures & ſe les lancent à la tête.*)

Doucement donc, Meſſieurs, doucement donc, il n'eſt pas queſtion ici d'un Lutrin.

L'IMPÉRATIF, *ſe jetant ſur un banc.*

Ah! je me ſens ſoulagé. J'avois beſoin d'être frappé de ce recueil de Lettres pour me rafraîchir. J'ai même un peu trop froid.

L'AUTEUR TRAGIQUE.

Et moi, cette Tragédie me fera faire un mauvais coup, j'empoiſonnerai quelqu'un.

DURIMET.

Eh! vîte endormons-le, frottons-le de ce Drame.

PARNASSOT A L'ADEPTE.

Pardieu! Monſieur, ſi votre baquet étoit ici, je vous y noierois. Voilà un Café bien arrangé!

L'ADEPTE.

Cela apprendra à ces Meſſieurs à nier l'exiſtence du fluide, à nous tourner en ridicule. Adoucias, Meſſieurs les Auteurs modernes; adoucias, nous vous attendons au Théatre à notre tour.

PARNASSOT.

Croyez-moi, Messieurs, allez prendre un peu l'air & laissez-nous réparer ce désordre.

PINCESERRÉ.

Oui, allons nous répandre dans les Cafés.

DURIMET.

Et arrangeons-nous de façon à faire tomber la Piece de ces Messieurs.

L'ETRANGER A PARNASSOT.

Eh bien! Monsieur, où est le bénéfice?

PARNASSOT.

Il est vrai que nous avons été un peu troublés ce matin; mais tout cela tournera à mon avantage, parce que mon Café, semblable à ceux où l'on s'assemble pour raisonner guerre & politique, la paix me couperoit la gorge.

L'ETRANGER.

Oh! en ce cas vous ferez fortune. Adieu, Monsieur, nous nous reverrons.

PARNASSOT.

Fort bien, Monsieur. Sauvelarime? de la Césure? allons, mes enfants, dépêchons-nous, ramassons toutes ces Brochures, & qu'elles ne voient plus le jour.

SAUVELARIME.

Les pauvres diablesses! pour une fois c'étoit bien la peine! (*Il veut les remettre dans la Bibliotheque.*)

PARNASSOT.

Eh! non, pareil tour arriveroit encore, au feu, au feu tout cela.

LA CÉSURE.

Quoi! les Romans, les Comédies!

PARNASSOT.

Les Tragédies mêmes, je ne veux plus de ſcenes ici.

SAUVELARIME.

Mais au moins, Monſieur, permettez que je vous les achete au poids.

PARNASSOT.

A la bonne heure, je ne perdrai pas tout.

SAUVELARIME.

Bon, voilà ce qui s'appelle avoir une Bibliotheque à bon marché.

LA CÉSURE.

Mais pas ſi bon marché, cela ne laiſſe pas que de peſer... Quelqu'un vient, répondons.

SCENE VIII & *derniere.*

UN EXEMT, *les précédents.*

L'EXEMT A PARNASSOT.

MONSIEUR, le bruit qui s'est fait ici a causé un peu trop de scandale, & comme cela pourroit recommencer, sur-tout aujourd'hui que l'on donne la nouvelle Piece, j'ai ordre de vous dire de fermer votre Café jusqu'à demain.

PARNASSOT.

Mais, Monsieur, vous voyez que tout est fini, il n'y a plus personne.

L'EXEMT.

C'est juste, mais les esprits sont échauffés. Croyez-moi, obéissez.

PARNASSOT.

Il le faut bien... Peste soit de ce maudit Adepte !

L'EXEMT.

Que voulez-vous, mon ami, les hommes deviennent quelquefois si enfants ou si fous, qu'il est heureux que la sagesse publique soit toujours là pour prévenir leurs sottises.

PARNASSOT.

Il est vrai que cette diablesse d'affiche des *Auteurs modernes* est un pavillon de révolte. Celle des Docteurs n'attaquoit que quelques frêlons qui vouloient s'introduire, & le tout s'est arrangé en faisant rire & chanter, au lieu qu'ici c'est effaroucher toute une ruche que de menacer le Peuple Auteur.

L'EXEMT.

Tout finira aussi par des satyres ou des chansons; mais il faut donner le temps de trouver l'air. Adieu, Monsieur Parnassot.

PARNASSOT.

Adieu, Monsieur, je vais fermer.

(*On baisse la toile.*)

Un Acteur vient annoncer.

MESSIEURS, nous allons avoir l'honneur de vous donner les *Auteurs modernes* : l'Auteur sensible aux applaudissements que vous avez bien voulu accorder à cette bagatelle, me charge de vous prévenir que si, par réflexion, vous trouviez que ce Prologue vient un peu tard, & que par conséquent il a plutôt l'air d'un acharnement contre la *Folle Journée*, que d'une critique suggérée par un but utile, qu'il y a plus de trois mois qu'il auroit vu le jour, sans un malheur survenu au Copiste.

Ce pauvre garçon dont la sensibilité est extrême, copioit les rôles d'une Tragédie; les scenes en étoient si lugubres qu'elles troublerent son cerveau au point qu'il s'imagina être le Tyran qu'on devoit exhumer en plein Théatre, pour servir de dénouement à cette Piece. En effet, il s'aliene tellement, que renversant ses meubles & poussant des hurlements affreux en déclamant les vers de la Tragédie, il met tout le voisinage en alarme. Chacun croit qu'on l'égorge ou que le feu est chez lui. Le premier mouvement fut donc d'enfoncer la porte. Mon homme, frappé de plus d'épouvante, croit fermement qu'on vient pour l'exhumer. La rage, le désespoir le rend furieux, d'une voix de tonnerre il s'écrie :

Barbares! arrêtez ; respectez votre Roi :
Touchez, si vous l'osez, à cette urne fatale.

Un Chirurgien qui étoit là, plus hardi qu'une multitude de femmes & d'enfants, qui, tous tremblants, mêloient leurs cris à ceux de cet énergumene, voyant bien qu'il étoit fou, s'empara de lui & le fit mettre aussi-tôt dans une cuve d'eau froide, puis au moyen d'une ample saignée, parvint à l'appaiser.

On sçut alors la cause de sa folie ; le Chirurgien jugea donc qu'à l'aide des calmants, il falloit encore écarter tout ce qui pouvoit agiter trop vivement le genre nerveux de cet homme ; six manuscrits de Drames & quatre de Tragédies qui couvroient une table, furent enlevés, & il y substitua les Théatres de *Racine* & de *Moliere*, en ordonnant au malade, pour régime essentiel, de les lire pendant un mois. Cette ordonnance a si bien opéré que mon Copiste a repris toute sa raison & sa tranquillité. Or, Mesſieurs, vous jugez que dans un pareil déſordre le manuſcrit de l'Auteur a couru gros riſque; ce n'eſt même que depuis quinze jours qu'il a été retrouvé, prenez-vous-en donc à ces Ouvrages triſtes & lugubres; ce n'eſt pas le premier tour qu'ils jouent à l'Auteur lui-même; il n'oubliera de ſa vie l'oppreſſion dont il a été très-incommodé en allant voir un jour repréſenter un de ces Drames.

Quant à nous, Meſſieurs, nous ferons toujours nos efforts pour mériter la bienveillance dont vous daignez nous honorer, en ne vous offrant que des Ouvrages dictés par la raiſon, le goût & ſur-tout la gaieté.

Cette derniere phraſe ſervira peut-être d'épigramme contre notre Prologue; ne vous gênez pas, Meſſieurs, c'eſt en quelque ſorte pour cela que je l'ai faite.

FIN.

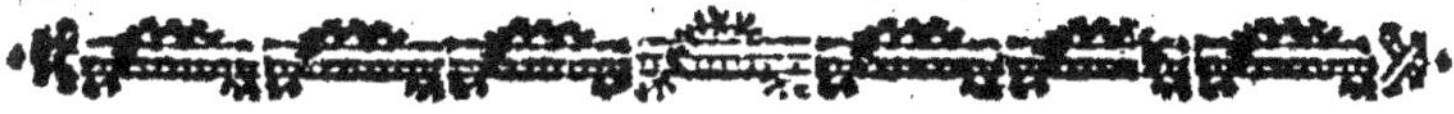

TABLE

Des matieres contenues dans le premier volume.

FABLES par l'Auteur.

VARIÉTÉS.

COUPLETS.

CANTATES.

MADRIGAUX.

PORTRAITS.

CONTES.

ÉPIGRAMES.

COMÉDIES.

Fin de la Table du premier volume.

www.ingramcontent.com/pod-product-compliance
Lightning Source LLC
LaVergne TN
LVHW010624110826
845149LV00003B/1034
9782019196721